EMAILING ET NEWSLETTERS

Toutes les clés pour une communication performante

Par Magalie Damel

50MINUTES.fr

EMAILING ET NEWSLETTERS

- **Problématique ?** Comment concevoir un emailing ou une newsletter performants ?
- **Utilité ?** Pour une entreprise, l'emailing et la newsletter sont des outils de marketing direct incontournables. Ces deux actions de publipostage utilisent le courrier électronique pour envoyer massivement des messages à une cible définie.
- **Contexte professionnel ?** Développement digital, communication commerciale, campagne marketing avec des objectifs de commercialisation et/ou de fidélisation.
- **FAQ ?**
  - Réseaux sociaux, emailings et newsletters : quels sont leurs impacts ?
  - Qu'est-ce qu'un test A/B ?
  - Quelle est la fréquence d'envoi d'un emailing et d'une newsletter ?
  - Peut-on conjuguer emailing et newsletter dans un seul courrier électronique ?
  - Comment encourager l'inscription à une newsletter ?
  - Pourquoi créer des newsletters thématiques ?
  - Quel jour et à quelle heure dois-je envoyer mon publipostage ?
  - Quels sont les mots à bannir pour éviter d'être classés en spam ?
  - Comment fonctionne un filtre antispam ?

Que vous soyez engagé dans des études de marketing ou de communication, que vous ayez créé votre entreprise, que vous soyez chargé de communication ou responsable des ventes, maîtriser la mise en place de dispositifs aussi essentiels que les campagnes d'emailings et l'envoi de newsletters est indispensable. Ces deux poids lourds du marketing digital restent indétrônables, n'en déplaise à ceux qui ne jurent que par les réseaux sociaux. C'est la notion de complémentarité entre ces différents canaux qui doit primer, afin d'activer ses ventes, de créer ou maintenir sa réputation et de faire prospérer son business.

Ainsi, les marques emploient toujours avec ferveur l'emailing et la newsletter pour vendre et pour informer. Attrayantes, peu coûteuses, efficaces, ces deux solutions offrent l'avantage de générer des résultats rapides. Mais elles réclament un savoir-faire certain.

Concevoir une campagne d'emailing ou une newsletter implique en effet d'être en mesure de déterminer laquelle de ces deux solutions est la plus adaptée pour porter l'objectif de l'entreprise. Il s'agit ensuite d'être capable de créer des contenus percutants et efficaces et de mettre en place une solution fiable pour les faire parvenir par mail à une cible dédiée. Une action pertinente aura un effet appréciable sur vos statistiques et vous verrez ainsi vos efforts récompensés : suivant votre objectif, les ventes ou la réputation de l'entreprise s'en trouveront promptement boostées !

B.A.-BA DU PARFAIT CONCEPTEUR D'EMAILING ET DE NEWSLETTER

Dans le monde du webmarketing, l'emailing, qu'on appelle aussi email commercial ou email marketing, et la newsletter ou infolettre électronique permettent à une entreprise de s'exprimer auprès d'un public déterminé. Clients, partenaires, prospects, prescripteurs, journalistes et grand public sont susceptibles de lire l'une ou l'autre de ces publications qui arrivent au sein de leur messagerie.

Toutefois, les ressemblances s'arrêtent là. L'emailing et la newsletter n'ont pas la même finalité, ni les mêmes cibles, ni le même format. Ils peuvent cependant fonctionner de manière complémentaire et suivre la charte graphique de l'entreprise.

RÉPONDRE À UN OBJECTIF MARKETING PRÉCIS

Comme son nom le laisse supposer, l'email commercial assure la promotion et la vente d'un produit, d'un service ou d'un événement à destination d'une cible définie. Il offre l'opportunité de communiquer massivement autour d'une seule offre commerciale. Adressé à un instant-clé de la stratégie marketing, par exemple les soldes, il doit susciter l'adhésion et l'acte d'achat.

La newsletter poursuit une vocation plus informative. Elle relaie des nouveautés à un public d'abonnés qui consent à la recevoir de manière régulière. À travers différentes rubriques, elle évoque l'actualité de la marque, la sortie de nouveaux produits ou les temps forts du secteur d'activité. Elle ressemble à un mini-magazine ou à un flash d'informations.

La première étape à franchir, avant de concevoir un emailing ou une newsletter, consiste donc à connaître les fondements de votre stratégie marketing :

- Quel est l'objectif poursuivi par l'entreprise à travers la mise en place de cette campagne de marketing digital ?
  - Vendre
  - Informer
- Quelle action l'entreprise espère-t-elle en retour de la part du destinataire ?
  - Achat
  - Demande de devis
  - Inscription
  - Visite du site internet, et donc augmentation du trafic

DIGITAL DETOX

Plusieurs études menées dans des grandes entreprises internationales démontrent que les salariés sont submergés de mails. En moyenne, un salarié en reçoit entre 50 et 120 par jour. Aujourd'hui, des campagnes comme *Mail on Holiday* ou *Friday Mail* visent à réduire le nombre de mails envoyés. D'une façon plus générale, on évoque le phénomène de *Digital Detox* qui correspond, pour un individu, à l'absence de connexion internet durant plusieurs semaines afin de reposer son cerveau.

Dans ce contexte, il convient donc de réfléchir en amont à la pertinence de votre emailing ou de votre newsletter.

La seconde étape consiste à déterminer la cible à laquelle la campagne marketing doit s'adresser. La cible est constituée d'une population potentiellement intéressée par le produit ou le service. Elle regroupe un ensemble d'acheteurs que l'entreprise cherche soit à conquérir, soit à fidéliser.

Définir une cible marketing évite de diffuser trop largement un message à des personnes qui n'ont aucun intérêt à en prendre connaissance. Cela permet de générer des économies en matière de temps et d'argent, et de soigner sa réputation.

Pour matérialiser cette notion de cible, il est essentiel de gérer avec soin la base de contacts email dont vous disposez. Les Anglo-saxons ont coutume de dire *Money is in the list!*, et en effet, votre base de contacts offre le potentiel d'une véritable mine d'or, si elle est correctement exploitée.

- Faites le tri dans vos cartes de visites, factures, dossiers de presse et flyers.
- Proposez à vos clients de remplir un sondage, un questionnaire, d'obtenir une carte de fidélité et collectez ainsi leur email.
- Collectez des adresses email depuis le site internet de l'entreprise à travers la mise en place d'un formulaire

de contact. Dans le cas de l'envoi d'une newsletter, ce formulaire d'inscription est obligatoire.
- Des bases de données d'adresses email sont proposées à la vente pour vous aider à réaliser des campagnes d'emailings ciblées.
- Actualisez-la régulièrement.

Une fois que votre base de contacts email est complète, organisez les adresses en différentes cibles ou publics ; c'est ce que l'on appelle la segmentation.

- Différenciez les clients des prospects et des prescripteurs, avec lesquels vous n'entretenez pas le même lien de connivence : le client achète, le prospect doit être convaincu d'acheter et le prescripteur vous recommande.
- Ensuite, en fonction des activités et des produits de l'entreprise, il vous reste à déterminer les critères les plus appropriés pour créer des groupes et des sous-groupes, en fonction de l'âge, du sexe, de la catégorie socioprofessionnelle, du secteur d'activité, du secteur géographique, de l'historique des achats, etc.

LA MORT DU *BATCH AND BLAST EMAIL MARKETING*

Il s'agit d'une technique ancestrale. Cette méthode consiste à envoyer le même email commercial à tous les destinataires. Aucune segmentation, pas de personnalisation du contenu. Voilà un envoi qui a toutes les chances de finir à la corbeille !

Aujourd'hui, à l'heure du *big data*, les entreprises collectent les données de leurs utilisateurs. Elles ont tout intérêt à mettre en place des campagnes de marketing et/ou de communication adaptées à leurs cibles. Cela encourage les échanges et offre la possibilité d'évoluer en douceur vers une nouvelle ère digitale, la *smart data*, qui permet, grâce aux données recueillies, d'instaurer un lien unique avec chacun des acheteurs.

La troisième étape est celle du choix des outils de création et d'envoi de vos emailings et de vos newsletters. Voici tout d'abord cinq erreurs classiques à éviter :

1. utiliser sa messagerie personnelle. Elle n'est pas adaptée à l'envoi massif de messages. Ces derniers risquent d'être classés en spam ;
2. se lancer dans la conception d'un emailing ou d'une news-letter de A à Z. Cette option est envisageable seulement si vous possédez de solides connaissances en matière de graphisme et de codage ;
3. adresser des messages identiques à chaque envoi ;
4. sous-estimer l'importance des statistiques ;
5. minimiser l'impact de la lecture sur mobile ou sur tablette.

À l'heure actuelle, de nombreux sites en ligne proposent des solutions clés en main, tels Mailchimp, Sarbacane, Sendinblue, Mailjet, CakeMail, TargetHero ou Aweber. Ils permettent de gérer l'ensemble de votre campagne marketing :

- hébergement de la base de données d'emails ;
- mise à disposition de plusieurs modèles ou *templates* qui s'adaptent à la lecture sur des écrans de tailles différentes (on parle alors de *responsive design*) ;
- conception facilitée de votre emailing ou newsletter ;
- envoi de la campagne via un routeur professionnel, ce qui évite de passer pour un spam ;
- gestion des statistiques liées à l'envoi.

L'utilisation de ces sites est gratuite, à condition de ne pas dépasser un certain nombre d'envois mensuels. Pour des besoins supérieurs, ces sites proposent généralement des formules payantes.

Pour celles et ceux qui sont attachés à l'option *homemade*, il convient d'employer des logiciels comme Photoshop, InDesign ou Illustrator pour la mise en page.

Enfin, pour celles et ceux qui disposent d'un site internet construit à partir d'un CMS – *Content Management System* type Wordpress ou Drupal –, il est également possible d'opter pour la mise en place d'un plug-in ou « extension » adapté à votre CMS. Il permettra de gérer la construction et les statistiques de la newsletter directement depuis le back-office de votre site internet. Mailchimp par exemple, en plus d'être un site en ligne qui propose de réaliser des newsletters et des emailings, existe aussi en version plug-in à installer directement dans votre site internet Wordpress.

- Choisissez une fréquence d'envoi pour votre news-letter et vos emailings.
- Listez les offres promotionnelles qui donneront lieu à une campagne d'emailing au cours des 12 prochains mois. Même scénario avec les informations de votre newsletter. Listez celles dont vous avez déjà connaissance, comme votre présence à des salons professionnels.
- Sur cette base, établissez un calendrier éditorial, très utile pour classer les offres et les informations en fonction de leur saisonnalité et pour organiser leur publication.
- Tous les 6 mois, nettoyez votre base de données email. Enlevez les adresses doublons et purger les adresses non réactives.

Droit au but : misez sur les atouts de l'emailing

L'emailing dispose d'atouts avérés qui le rendent accessible à tout type d'entreprise. Il est particulièrement apprécié des TPE et des PME. En France, selon le rapport annuel 2015 du Syndicat national de la communication directe, 49 % des internautes déclarent avoir acheté un produit après la réception et la lecture d'un email commercial.

- Son premier avantage réside dans le fait qu'il offre un excellent rapport qualité-prix. À l'heure actuelle, il est le média le moins coûteux du marché. Il est moins cher qu'une campagne de publipostage traditionnel, car il n'implique ni matière première, ni personnes ressources (papier, graphiste, imprimeur, etc.). Selon les estimations, 1 euro investi dans un emailing pourrait rapporter en moyenne entre 38 et 40 euros.

- Si un internaute met environ 3/10e de secondes pour scanner un contenu numérique, son attention augmente sensiblement quand il reçoit un emailing, car il est conscient que le message envoyé contient une offre promotionnelle. En France et en Belgique, le taux d'ouverture d'une campagne d'emailing est compris entre 20 et 30 %, tous secteurs d'activités confondus.

- La mise en œuvre d'une campagne d'emailing est simple. Tout ce dont vous avez besoin est une offre commerciale à promouvoir, une charte graphique et un outil d'aide à la création et à l'envoi de la campagne.

- Les résultats sont rapides et mesurables. Le retour des internautes ciblés a généralement lieu entre 48 heures et 72 heures après l'envoi du message.

Concevoir un emailing implique d'être direct, car vous avez peu de place pour vous exprimer. Voici ci-dessous dix pistes pour aller droit au but.

1. Exprimez le bénéfice pour le consommateur en pourcentage du type « -50 % », afin de témoigner d'une bonne affaire.

2. La notion de temps est très motivante. Proposer l'offre pour une période déterminée et indiquer une quantité limitée ou restante boostent l'acte d'achat.

3. L'internaute doit immédiatement comprendre le produit et percevoir l'avantage qu'il procure. Présentez l'un et

l'autre sans la moindre trace d'ambiguïté, que ce soit à l'aide d'un mot, d'un slogan ou d'une image.

4. On a coutume de dire qu'une image vaut 1 000 mots. Attention toutefois à ne pas impacter la vitesse de chargement de votre emailing. Une ou deux images suffisent.

5. Contextualiser l'avantage du produit le valorise. Pour vendre un pull en cashmere par exemple, rappelez à l'internaute que nous sommes au cœur de l'hiver. Il peut être opportun de surfer sur les événements nationaux liés à l'affect, comme la Saint-Valentin, ou les événements mondiaux positifs, comme une compétition sportive.

6. Si un mannequin intervient dans le visuel, veillez à ce que son regard se tourne en direction du produit, du slogan ou du chiffre. Instinctivement, l'internaute aura tendance à l'imiter.

7. L'économie et la justesse des mots sont capitales. Utilisez des slogans, des phrases nominales, des verbes à l'impératif.

8. Étudiez la possibilité de mettre en place une stratégie marketing de *cross selling* ou « vente croisée » : si votre email propose en premier lieu un produit A, profitez-en pour suggérer un produit B qui complète habilement le produit A.

9. L'emailing ne se limite pas à une stratégie de préachat. Il peut être envoyé à la suite d'un achat sur l'e-shop de votre site ou dans votre boutique. Il prouve alors que la marque propose régulièrement de bonnes affaires.

10. Suscitez l'interactivité avec une enquête de satisfaction concernant vos produits. Les retours clients sont utiles pour fidéliser les consommateurs. Notifiés en pourcentage dans un prochain emailing, ces chiffres

deviennent de nouvelles armes de séduction massive.

- Annoncer clairement le bénéfice pour celui ou celle qui lit votre emailing et rédiger une offre claire et accessible évitent que votre email soit noyé dans la masse des courriers reçus quotidiennement ou tout simplement supprimé.
- Accordez de l'attention à la lecture sur mobile. L'ouverture de l'email a lieu sur smartphone dans 56 % des cas. Or, un internaute sur deux le supprime quand il s'aperçoit que ce dernier ne s'affiche pas correctement sur l'écran de son téléphone portable. Il faut donc tester votre emailing sur tous les écrans et sur plusieurs messageries avant de l'envoyer.

La newsletter pour valoriser des contenus à forte valeur ajoutée

La création d'une newsletter est indispensable dans de nombreux secteurs d'activité : numérique, marketing, tourisme, formation professionnelle, mode et beauté... Elle intervient dans le cadre d'une relation B2B (*Business to Business*) ou dans le cadre d'une relation plus large, baptisée B2C (*Business to Consumer*).

- Selon le Content Marketing Institute, en 2015, la newsletter suscite une interaction avec le site internet de l'entreprise dans 80 % des cas. Cette augmentation du trafic influence positivement le référencement de ce dernier sur les moteurs de recherche.

- La newsletter est une opportunité de communication attractive pour les TPE et les PME. Ces structures n'ont ni le temps matériel ni les ressources humaines pour gérer un blog de marque ou d'entreprise.
- La newsletter est un excellent outil de communication interne, pour garder le contact avec ses salariés, si l'entreprise est constituée de plusieurs entités géographiques par exemple, ou si, en raison de sa taille importante, elle doit coordonner de nombreux services internes.
- La newsletter instaure un lien privilégié avec ses destinataires et contribue à leur fidélisation.
- Facile à archiver, elle participe à la mémoire collective de l'entreprise.

La rédaction d'une newsletter implique un haut niveau de qualité attendue par le client. À travers le formulaire d'inscription, il donne son accord pour recevoir ce document. Il est donc normal qu'il ne veuille pas être déçu. Voici dix recommandations pour le convaincre.

1. Valorisez la notion d'exclusivité. Indiquez clairement à vos abonnés que la sélection des informations transmises via la newsletter leur est dédiée parce que vous entretenez avec eux un lien d'intimité.
2. Rappelez à l'internaute que choisir cette newsletter lui permet de gagner du temps et lui donne accès à des informations utiles et/ou confidentielles.
3. Respectez le contrat de confiance qui vous lie. Ne profitez pas d'une autorisation de recevoir la newsletter pour

envoyer des salves d'emailings commerciaux.

4. La newsletter est le symbole de la régularité. Choisissez donc une fréquence d'envoi (hebdomadaire et mensuelle par exemple) et tenez-vous-y. La fréquence choisie vous incitera à sélectionner les informations à valoriser dans la newsletter et évitera de la surcharger.

5. Partez du principe que cet internaute connaît déjà votre marque et certains de vos produits.

6. Valorisez vos abonnés. Ils forment le socle de votre communauté virtuelle. Félicitez-les, dites-leur qu'ils sont formidables. Véhiculez une atmosphère de bien-être et de bonne humeur.

UN CONTENU VARIÉ

- Proposez à l'internaute d'accéder aux coulisses de l'entreprise à travers des reportages ou de découvrir en avant-première les fonctionnalités d'une nouvelle application à télécharger.
- Créez des concours, des jeux, des opérations temporaires et spéciales de façon à susciter l'interactivité et à partager une expérience ludique.
- Livrez un exploit sportif accompli par un salarié pour une newsletter interne ou évoquez son engagement en faveur d'une association.
- Écrivez le portrait d'un client ou livrez le résultat d'un jeu-concours pour une newsletter externe.
- Donnez des astuces, des conseils, des guides, des chiffres clés concernant les tendances et les usages de votre secteur d'activité.
- Partagez vos coups de cœur, éclairez la connais-

7. Structurez vos contenus par thèmes ou par rubriques pour une lecture facile. Si votre newsletter est longue, misez sur le *scrollitelling* ou l'art de raconter une histoire que les internautes découvrent au fur et à mesure qu'ils font défiler la newsletter sur leur écran. L'histoire démarre dès la partie supérieure de la newsletter, puis se décline dans les différentes sections d'informations proposées et incite l'internaute à lire l'ensemble du contenu.

8. Proposez des liens externes à forte valeur ajoutée en complément d'information. Cette technique est très utile pour témoigner de votre expertise ou indiquer l'émergence d'une nouvelle tendance.

9. Limitez-vous à quatre ou cinq visuels de 600 pixels chacun, sous peine d'alourdir la newsletter et d'impacter négativement le temps de chargement. Par ailleurs, la newsletter doit refléter un équilibre parfait entre la présence de textes à dominante factuelle, les visuels attractifs et un design créatif.

10. Ne copiez-collez pas votre contenu rédigé sous un logiciel de traitement de textes pour l'intégrer dans la newsletter : vous risquez d'importer le formatage spécifique du logiciel de traitement de texte et de produire des caractères fantaisistes. Préférez rédiger le texte directement dans la newsletter.

Si l'on considère uniquement le point de vue marketing, la vidéo ou le GIF animé sont intéressants, car ce qui incite en premier lieu un internaute à cliquer sur le contenu d'une newsletter est le visuel.

Concernant la vidéo, l'écueil est son poids. Pour contourner le problème, un bon conseil est de créer un lien de renvoi vers la vidéo hébergée sur un support dédié.

Plus légère que la vidéo, l'image animée porte généralement sur une photographie ou un élément textuel accrocheur comme, par exemple, le chiffre promotionnel. Vérifiez cependant consciencieusement son affichage en fonction des messageries et des écrans.

CONSTRUIRE UN MESSAGE CLAIR ET COMPLET

Une communication orale ou écrite réussie repose sur l'émetteur. Celui-ci doit être en capacité d'adresser un message complet, direct et clair au récepteur de façon à ce que ce dernier assimile l'information.

Lorsqu'un récepteur a compris un message, il est en mesure d'agir. L'engagement de l'internaute est précisément le principal objectif dans le cadre d'une campagne d'emailing ou d'une newsletter.

Les 5 W ou le QQOQCP

Les 5 W ou le QQOQCP sont un moyen mnémotechnique de n'oublier aucun élément important à l'heure de rédiger une communication. En anglais, les 5 W sont : who, what, why, when, where ; en français, il est d'usage de parler de QQOQCP : qui, quoi, où, quand, comment et pourquoi.

- **Qui ?** Il s'agit ici de communiquer sur l'émetteur et sur le récepteur.
    - Émetteur : il peut s'agit de l'entreprise (ex. Chanel), d'un service (ex. le département Cosmétiques), d'un produit (ex. le rouge à lèvres Printemps-Été) ou d'une personne.
    - Récepteur : la cible que l'entreprise souhaite toucher avec son service ou son produit (ex. toutes les femmes de 35 à 50 ans qui aiment Chanel, et/ou les cosmétiques et/ou le rouge à lèvres).
- **Quoi ?** De quoi parle-t-on exactement ?
    - Emailing : description du produit, de ses caractéristiques et de l'offre.
    - Newsletter : mise en évidence de la thématique principale ou de l'information principale traitée dans la rubrique phare de la newsletter.
- **Où ?** Cette question concerne le lieu où se situe le produit ou l'action : localisation géographique, commerce online.
- **Quand ?** La réponse définit une durée, une période, ou indique une date.
    - Emailing : l'offre est limitée dans la durée.
    - Newsletter : l'action est liée à une date passée ou future.
- **Comment ?** Cette question peut renvoyer aux conditions

de l'offre, à la manière ou la méthode pour fabriquer ou utiliser un produit, aux moyens mis en œuvre pour la réussite d'une action, aux procédures suivies, etc.

- **Pourquoi ?** La réponse est cruciale, car elle permet d'énoncer pourquoi il est important de prendre connaissance de l'information ou de profiter d'une offre.
  - Emailing : la réponse porte sur le bénéfice pour l'internaute de souscrire à cette offre.
  - Newsletter : il s'agit d'exprimer l'intérêt de l'information transmise, pour la marque ou pour la cible.

Une fois que toutes les réponses sont collectées, il est essentiel de les hiérarchiser afin de faire apparaître en premier lieu ce qu'il y a de plus important pour la cible. Ce procédé aide à entrer en résonnance avec ses besoins et ses désirs, afin de la rendre plus réceptive au message. C'est la raison pour laquelle ce que vous identifiez comme étant le plus important, intéressant ou urgent devra figurer dès les premiers mots de votre emailing ou de votre newsletter, dans votre objet, votre pré-header et votre header. Les autres informations s'enchaîneront ensuite logiquement de façon à donner des détails. Cette technique d'écriture s'appelle la pyramide inversée ou l'entonnoir.

La technique des 7 C

Il s'agit d'une méthode qui aide à la rédaction de documents efficaces. Elle est particulièrement adaptée à l'écriture des informations dans une newsletter. Ainsi, votre rédaction doit être :

- **claire**. Organisez vos paragraphes, utilisez des listes à puces, privilégiez l'emploi de l'impératif ;

- **concise**. Misez sur des phrases courtes. Évitez les subordonnées et le participe présent ;
- **concrète**. Cherchez la justesse des mots pour convaincre la cible ;
- **correcte**. Vérifiez les chiffres, les dates, les informations que vous livrez ;
- **cohérente**. Votre écriture est liée à l'image de marque de l'entreprise, à la charte graphique et à la cible ;
- **complète**. Les réponses aux 5 W doivent être délivrées sur le support ;
- **courtoise**. Choisissez le registre de langage adapté à la cible. Trouvez l'harmonie entre empathie et empressement.

L'écriture AIDA

Dans le cadre de la rédaction d'un emailing, les mots sont précieux, car la place est extrêmement restreinte. Autre contrainte : les mots doivent dialoguer avec les visuels sans créer de redondance. La méthode AIDA permet de créer des messages synthétiques en les recentrant sur leur objectif. Il vous appartient de déterminer si les visuels ou les mots seront les plus efficaces pour :

- **Attirer** le client ;
- susciter son **Intérêt** ;
- activer son **Désir** ;
- et enfin, le pousser à **Agir**. Ce dernier point est souvent l'apanage du *call to action* (CTA), le bouton à cliquer pour aller plus loin.

Un design structuré

Design vintage, lignes épurées, couleurs vitaminées… Chaque période est marquée par l'adoption de codes esthétiques spécifiques, parmi lesquels il vous faudra naviguer. Quel que soit votre choix, voici trois tendances pérennes :

- *less is more*. La formule anglo-saxonne peut se traduire par « le moins est le mieux ». Si vous surchargez votre emailing ou votre newsletter, l'internaute ne sait pas quel message vous souhaitez lui adresser ni quelle action il doit effectuer ;
- *don't make me think*. Il s'agit du titre du livre de l'auteur américain Steve Krug qui porte sur la conception des pages d'un site internet. Son credo est le suivant : l'internaute doit être placé devant une interface qui lui évite d'avoir à réfléchir. Inspirez-vous-en pour construire votre emailing et votre newsletter. Facilitez la vie de votre cible ;
- **la ligne de flottaison**. Cette fameuse ligne est celle en dessous de laquelle le contenu n'est visible par l'internaute que s'il fait défiler le texte sur son écran. Si vous placez des informations sous cette limite, vous les sacrifiez, car les internautes, majoritairement pressés, peinent à aller plus loin que ce qui est directement accessible sur leur écran.

Petit plus

- Mission zéro faute avec la technique des 3 F : une relecture pour la forme, une pour le fond et une

dernière pour les fautes.
- Les mots magiques qui incitent au clic sont : les verbes d'action, les pronoms interrogatifs « pourquoi » et « comment », et les mots à connotation positive comme « expert, bouche à oreille, liste, collection, conseils, astuces, instruit, utile, sage, agile, futé, doué, trafic, accès, garantie, perspective, plan, gain, compétence, visibilité, dispositif, succès, réussite ».
- Être trop aguicheur peut desservir. Soyez simplement chaleureux et formulez des promesses qui seront tenues.

CONCILIER LOI, INFORMATION ET VENTES

Avant d'envoyer une communication par email, il faut obtenir l'autorisation de réception du futur abonné.

Concernant l'emailing, la loi sur le commerce électronique admet, en Belgique comme en France, que le client puisse recevoir des emails commerciaux si son adresse électronique a été obtenue dans le cadre de l'achat d'un produit. L'entreprise est alors autorisée à communiquer sur l'ensemble des produits qu'elle fournit. Néanmoins, lors du recueil de l'adresse, elle doit indiquer à son client qu'il peut s'opposer à la réception de futures publicités. On parle alors d'opt-out ou de non-adhésion. L'entreprise n'est pas autorisée à utiliser le publipostage si le client a marqué son opposition face à cette pratique commerciale.

Pour la newsletter, le site internet doit disposer d'un formulaire d'inscription. Celui-ci permet de collecter l'autorisation des abonnés, qui communiquent leur adresse de leur plein gré. C'est ce qu'on appelle l'opt-in ou l'option d'adhésion. Il existe deux formes d'opt-in :

- simple. L'internaute communique son adresse électronique à travers le formulaire d'inscription. Des informations comme son nom, son prénom, sa situation géographique peuvent aussi être renseignées. Elles sont utiles pour segmenter la base de données de courrier électronique en différentes cibles potentielles ;
- double. L'internaute communique son adresse électronique, puis reçoit un email à cette adresse lui demandant de confirmer son inscription ainsi que la validité de son adresse en cliquant sur un lien de retour.

DÉSINSCRIPTION

La newsletter doit obligatoirement comporter un lien de désinscription. Positionné dans le pied de page ou footer – jamais dès le header, il ne doit pas être accessible immédiatement –, il évite que l'envoi soit considéré comme un spam, car il laisse une liberté de choix à l'internaute.

Dans le cadre de l'emailing, il est conseillé de proposer à l'internaute de cliquer sur un lien, placé dans le footer, qui lui permet de stipuler qu'il ne souhaite plus recevoir ces offres commerciales.

Une fois l'autorisation obtenue, l'objectif est que la campagne de publipostage soit la plus attrayante possible pour susciter l'engagement de l'internaute. Les premiers éléments qui s'offriront à son regard sont donc essentiels, notamment pour le rassurer sur la nature honnête de votre message.

Commencez par utiliser pour l'envoi de la campagne une adresse email contenant le nom de votre société ou de votre marque. Pour un lien plus personnel, vous pouvez également y associer un prénom masculin ou féminin (ex. marie.dupont@chanel.fr). Ensuite, concentrez votre attention sur la composition de cinq points cruciaux et complémentaires.

- **L'objet de l'email** : lisible, composé de 30 caractères, il annonce l'offre. Grâce au travail effectué sur la segmentation des cibles, il est possible d'adresser un objet personnalisé, avec le prénom, la ville de résidence, ou les activités favorites de l'internaute. Centrez votre message non pas sur les caractéristiques du produit, mais sur le bénéfice client.
  - Si vous vendez des meubles, ne vous arrêtez pas sur le fait qu'ils soient en pin véritable ; ce qui compte est d'annoncer que la clarté de ce bois illumine la pièce.
  - Même opération pour un régime : peu importe pour le client que la méthode proposée soit novatrice. Ce qu'il va retenir, c'est qu'il peut perdre 10 kilos en 3 mois avec un taux de réussite proche de 100 % !

Jouez sur les émotions de votre cible et n'hésitez pas à employer l'adverbe interrogatif « Comment ? » (ex.

« Comment perdre 10 kilos en 3 mois ? »), une des re-quêtes les plus tapées par les internautes dans un moteur de recherche ! Le besoin de protection, le rêve, l'envie d'évasion et la nécessité de faire des économies sont autant d'arguments affectifs susceptibles de résonner avec ce qui occupe ou préoccupe le récepteur et donc de mobiliser son attention.

- **Le pré-header** : couplé à un objet adroitement rédigé, le pré-header est votre deuxième chance de formuler un argument convaincant. Cette première phrase, qui s'affiche dans la boîte de réception juste après l'objet de l'email, dispose d'une longueur variable. Si la messagerie est consultée sur un smartphone en mode portrait, 30 caractères du pré-header seront visibles. Ce chiffre double si la messagerie est consultée en mode paysage. Concentrez-vous sur l'emploi de l'impératif et utilisez des chiffres-clés pour inciter l'internaute à ouvrir votre envoi.

Petit plus

N'indiquez jamais dans le pré-header la célèbre phrase « Si ce message ne s'affiche pas correctement, cliquez ici. » Pour l'internaute, c'est une incitation à supprimer l'email, car il imagine que celui-ci aura des difficultés à s'afficher correctement.

- **Le header** : il s'agit de la partie supérieure de votre email marketing ou de votre newsletter. Il reprend les éléments de votre identité graphique, comme le nom de l'entreprise et/ou du produit, le slogan, le logo, les couleurs et la typographie. Le header peut aussi comporter un lien miroir du type : « Si ce message ne s'affiche pas correctement, cliquez ici. » Ce lien gère le contenu du mail en tant que page web et permet de restituer l'ensemble des éléments graphiques qui peinent parfois à s'afficher dans le corps du mail.

Évitez de donner les mêmes informations dans l'objet, le pré-header et le header. Chacune de ces parties vous permet de présenter les bénéfices client et l'offre.

- **Les CTA** : ces boutons appelant à l'action sont de véritables passerelles entre la stratégie marketing et l'internaute. Ils incitent ce dernier à passer à l'acte d'achat ou à consulter votre site internet. Dans un souci d'harmonisation et de cohérence, il est d'usage d'utiliser la couleur du logo pour les CTA.
Ne vous contentez pas de simples liens hypertextes, mais optez pour des boutons incitatifs, relativement larges pour qu'ils puissent être cliqués avec le doigt lorsque l'internaute surfe sur mobile ou tablette. Enfin, adaptez le texte du CTA à l'action souhaitée. Bannissez les éternelles mentions « Cliquez ici » ou « En savoir plus », mais personnalisez-le par rapport au secteur d'activité de l'entreprise. Inspirez-vous du champ lexical et des expressions clés de ce secteur. Ainsi, à la fin de la newsletter d'une compagnie aérienne, le CTA peut comporter

la mention : « Envolez-vous » ou encore « Bouclez votre valise ». Si vous représentez une marque qui aime faire preuve d'originalité, vous pouvez utiliser des phrases ou expressions « générationnelles » comme « Join the party » pour inviter les internautes à s'abonner à vos services. Pour la newsletter d'une boutique de mode, vous pourriez indiquer « De fil en aiguille » sur le CTA pour inciter les internautes à aller découvrir la nouvelle collection sur le site internet.

- **Les éléments de réassurance** : ils ont pour fonction de donner confiance à l'internaute. Ils apparaissent dans la partie inférieure ou footer. Ils se composent du lien de désinscription pour la newsletter ou de la possibilité de s'opposer à la réception d'emailings, des mentions légales de l'entreprise, comme sa raison sociale et son numéro de téléphone, et d'icônes qui valorisent la répu-tation professionnelle de l'entreprise :
  - conditions de paiement ;
  - conditions de remboursement ;
  - conditions de livraison ;
  - conditions de retour ;
  - taux de satisfaction et témoignages de clients ;
  - éléments significatifs de la valeur ajoutée de l'entre-prise : conseiller dédié, garanties, labels, récompenses, partenaires ;
  - réseaux sociaux ;
  - éventuellement un hashtag créé par la marque pour la campagne promotionnelle.

Il est capital de vérifier les statistiques pour déterminer la réussite ou l'échec de votre campagne marketing. L'analyse des résultats permet d'ajuster le tir pour la mise en place de toute action future.

Analyse des résultats d'un emailing

On estime que les internautes réagissent à l'envoi d'un email promotionnel dans les deux ou trois jours suivants.

- **Taux de livraison** : il indique combien d'emails ont été concrètement délivrés. Il soustrait les adresses mal rédigées ou obsolètes et les messageries qui ont classé votre envoi dans les spams.
  Si le taux de livraison est faible : il faut nettoyer votre base de données et enquêter sur la raison qui a conduit les filtres antispam à vous classer en tant que courrier indésirable. Si votre base de données est correctement tenue et que vous jouez la carte de la transparence auprès des internautes, le taux de livraison doit être de l'ordre de 80 à 95 %.
- **Taux d'ouverture** : votre email est bien arrivé, mais l'internaute a-t-il cliqué dessus pour l'ouvrir ? Ce taux vous donne la réponse. Certains logiciels d'aide à la création et à l'envoi d'emailings indiquent également qui exactement a ouvert le courrier. Le taux moyen d'ouverture des emailings dans le monde est de 50 %. Lorsqu'il atteint entre 20 et 40 %, selon les secteurs d'activité et les localisations géographiques, il est considéré comme un bon score.

Si le taux d'ouverture est faible : améliorez votre présentation au niveau de l'adresse expéditrice, de l'objet et du pré-header.

- **Taux de clic** : au sein de votre email, vous avez placé un bouton CTA pour que l'internaute passe à l'acte ; ce taux vous indique quels sont les internautes qui ont franchi le pas.
  Si le taux de clic est faible : améliorez l'offre commerciale, sa présentation, la position ainsi que l'aspect visuel du CTA.
- **Taux de conversion ou ROI (*Return on Investment*)** : il mesure le nombre d'internautes qui sont passés de l'email à l'achat. Il s'agit du moment de vérité. En fonction des objectifs chiffrés, fixés lors de l'élaboration de la stratégie marketing, et de l'investissement consenti par l'entreprise dans la mise en place de la campagne d'emailing, les internautes engagés ont-ils acheté ? Si oui, quels sont les bénéfices ?
  Si le ROI est faible : le chiffre d'affaires, qui livre le bénéfice total de l'action commerciale engagée, peut néanmoins être atteint. Mais cela signifie que les internautes n'ont pas adhéré à la campagne d'emailing. Ils ont acheté directement le produit en ligne sur le site ou en boutique. Dans ce cadre, l'analyse doit porter sur le bien-fondé de la mise en place de la campagne d'emailing :

  - mesurez le nombre d'internautes qui ont acheté en boutique ou en ligne sans avoir reçu la campagne d'emailing ;
  - analysez les outils utilisés par l'internaute pour surfer :

mobile, ordinateur, tablette ;
  ◦ interrogez-vous sur la segmentation de la cible et sur vos objectifs de vente ;
  ◦ demandez à un panel d'internautes fidèles de relever les points forts et les points faibles de votre emailing.

Analyse des résultats d'une newsletter

Pour l'analyse des résultats d'une newsletter, le taux de livraison, le taux d'ouverture et le taux de clic demeurent. S'y ajoutent le taux d'abonnement et de désabonnement, ainsi que le temps de lecture. Le ROI, lui, change ici de nom pour devenir le ROA (*Return on Attention*).

- **Le taux d'abonnement et de désabonnement** : le premier est un indice de succès ; le second symbolise l'échec. <u>Si le taux de désabonnement est fort</u> : il faut revoir votre copie ! Révisez la fréquence et l'heure d'envoi, la ligne éditoriale et l'esthétisme de votre newsletter.
- **Temps de lecture** : il mesure le temps moyen passé par les internautes à lire la newsletter. Il s'agit néanmoins d'une supposition, car cet indicateur prend en compte le temps durant lequel la newsletter est restée ouverte. Or, elle peut être ouverte sans que l'internaute la lise. <u>Si le temps de lecture est faible</u> : interrogez-vous sur le nombre d'informations, la hiérarchie de vos contenus et sur l'attractivité de votre mise en page.
- **Taux de conversion ou ROA (*Return on Attention*)** : le taux de conversion mesure les actions de l'internaute engagées grâce à la newsletter : inscription, téléchargement, surf sur le site internet de l'entreprise, visite

des pages de l'entreprise sur les réseaux sociaux, etc. Le ROA indique la progression de l'entreprise en matière de notoriété numérique.

<u>Si le ROA est faible</u> : ne paniquez pas. L'image de marque se construit au fur et à mesure des envois. Il est plus judicieux de vous concentrer sur la progression de ce taux sur une période donnée. Prêtez également attention à vos *landing pages* ou pages d'atterrissage, c'est-à-dire aux pages sur lesquelles l'internaute arrive une fois qu'il a cliqué sur le CTA. Celles-ci doivent être irréprochables. Imaginez qu'un internaute clique sur votre newsletter et qu'il soit projeté sur une page internet avec des visuels peu esthétiques, un texte truffé de fautes d'orthographe et une vidéo qui ne fonctionne pas… Il risque fort de perdre tout intérêt pour votre entreprise.

TOP CONSEILS

- **Soignez les titres** : un internaute a coutume de scanner un contenu qui s'affiche à l'écran. Les premiers mots utilisés dans les titres sont donc très importants pour l'engager à poursuivre sa lecture.
- **Ajoutez des liens** : même si l'objectif premier de votre envoi n'est pas de vendre un produit, il peut drainer du trafic vers votre site internet.
- **Ne soyez pas mystérieux**, mais présentez clairement l'entreprise : si l'internaute n'est pas rassuré, s'il ne connaît pas la société qui lui envoie cet email marketing ou cette newsletter, il perd confiance.
- **Misez sur des visuels professionnels et éloquents** : évitez les banques d'images gratuites ou payantes. L'internaute peut avoir déjà vu cette photo dans d'autres circonstances. Et ce n'est guère flatteur pour la réputation de votre entreprise.
- **Misez sur des textes courts** compris entre 100 et 200 mots. Utilisez les listes à puces de façon à hiérarchiser les éléments importants. Vous pouvez également mettre des mots en gras de façon à encourager la lecture rapide et diagonale. Dans le cas d'une newsletter, structurez-la avec des sous-titres et des encadrés.
- **Désignez les éléments de réassurance** : paiement sécurisé, livraison, retour, remboursement, présence sur les réseaux sociaux. Des icônes stylisées et graphiques donnent de l'allure à votre email commercial ou à votre newsletter.
- **Évitez la surcharge graphique** : deux ou trois couleurs

ainsi qu'une ou deux polices de caractères suffisent. Couleurs et polices doivent être employées en liaison avec l'image de marque, le secteur d'activité et le thème de l'envoi.

- **Misez sur des polices lisibles** : choisissez celles qui sont aérées. Elles permettent de lire facilement les lettres et les chiffres. Réservez les polices de caractères créatives à des mots-clés ou à un titre.
- **N'insérez pas trop d'images, de GIFs ou de vidéos** : si le temps de chargement de votre envoi est trop long, il risque fort de terminer directement à la corbeille.

FAQ

RÉSEAUX SOCIAUX, EMAILINGS ET NEWS-LETTERS : QUELS SONT LEURS IMPACTS ?

Ces outils offrent chacun des avantages non négligeables. Ce qui compte, c'est de miser sur la synergie. À l'heure actuelle, l'emailing et la newsletter ont le privilège d'arriver directement dans la boîte mail de l'internaute, là où les posts, tweets, articles ou publicités postés sur les réseaux sociaux sont dilués dans le flux d'un fil d'actualité.

QU'EST-CE QU'UN TEST A/B ?

L'*A/B testing*, qu'on appelle aussi le *split testing*, consiste à tester deux versions de votre emailing ou de votre newsletter. Le principe est simple : vous envoyez la version A à un premier échantillon de votre cible, et la version B à un second échantillon, ce qui vous permet ensuite de comparer les statistiques et d'identifier laquelle des deux versions obtient les meilleurs résultats.

Le *split testing* s'effectue en généralement sur une période de 3 à 6 mois. C'est le temps moyen nécessaire pour discerner le type de formule qui séduit une cible.

QUELLE EST LA FRÉQUENCE D'ENVOI D'UN EMAILING ET D'UNE NEWSLETTER ?

L'emailing est un envoi ponctuel lié à une offre commerciale. La newsletter implique de l'assiduité. Les fréquences les plus appréciées sont : hebdomadaire et mensuelle. Toutefois, si l'activité de l'entreprise est faible, il est possible de s'orienter vers une newsletter trimestrielle.

PEUT-ON CONJUGUER EMAILING ET NEWSLETTER DANS UN SEUL COURRIER ÉLECTRONIQUE ?

Certaines entreprises surfent sur des formules hybrides, entre emailing et newsletter. La première partie assure la promotion d'une offre commerciale. La seconde partie donne des informations, des conseils sur la vie de la marque. Cette formule hybride, qu'on qualifie de « mix and match », s'inspire du contenu des sites internet qui conjuguent e-shop et contenu informatif.

COMMENT ENCOURAGER L'INSCRIPTION À UNE NEWSLETTER ?

Placez votre formulaire d'inscription sur l'ensemble des pages de votre site, de façon à ce que l'internaute puisse s'inscrire quelle que soit la page affichée suite à sa requête. Une autre possibilité consiste à programmer l'ouverture d'une fenêtre pop-up, comportant le formulaire d'inscription, 15 secondes après l'arrivée de l'internaute sur n'importe quelle page du site.

Il est également recommandé de profiter du processus de création d'un compte client pour proposer une inscription à la newsletter. Vous pouvez ajouter la mention « envoyez à un ami » pour encourager la viralité.

Enfin, programmez un mail automatique de bienvenue une fois l'inscription finalisée. Cette marque de politesse est toujours appréciée !

POURQUOI CRÉER DES NEWSLETTERS THÉMATIQUES ?

Lorsque l'activité de l'entreprise est intense et/ou diversifiée, mettez en place des newsletters thématiques. Ainsi, une entreprise comme Chanel peut proposer une newsletter sur la mode, une seconde sur les cosmétiques et une troisième sur les parfums, afin de n'envoyer à ses abonnés que du contenu qui les intéresse directement.

QUEL JOUR ET À QUELLE HEURE DOIS-JE ENVOYER MON PUBLIPOSTAGE ?

Les jours et heures les plus communément cités sont : mardi et jeudi entre 10 heures et 14 heures pour le B2B et entre 18 heures et 22 heures pour le B2C. Mais l'horaire idéal de réception dépend de la nature des produits ou du secteur d'activité. Les statistiques concernant le taux d'ouverture de votre envoi sont des indicateurs précieux pour déterminer le jour et l'heure les plus adaptés.

Aujourd'hui, la technologie propose également de nouveaux paramètres pour poster la campagne d'emailing ou la newsletter en fonction, par exemple, de la météo ou de la localisation de la cible. C'est ce qu'on appelle le marketing agile.

QUELS SONT LES MOTS À BANNIR POUR ÉVITER D'ÊTRE CLASSÉS EN SPAM ?

Il existe des listes complètes de mots à éviter ou, du moins, à utiliser avec parcimonie. Parmi les erreurs les plus courantes, on trouve l'emploi des mots comme : coupon, achat, affaire, exceptionnel, cash, exceptionnel, vente privée, 100 %, gratuit, remboursé, meilleur prix, urgent, félicitations.

Chassez les symboles de monnaie comme « $ » ou « € », ainsi que les points d'exclamation. N'abusez pas non plus des caractères spéciaux comme les étoiles ou les cœurs dans l'objet de vos mails.

COMMENT FONCTIONNE UN FILTRE ANTISPAM ?

Le spam ou courrier indésirable, baptisé « pourriel » au Québec, symbolise les communications massives par courrier électronique non sollicitées par l'internaute, qu'il s'agisse de tentatives de hameçonnage ou de publicités.

Les fournisseurs d'accès à internet, les opérateurs de téléphonie, les services webmails et les services informatiques des entreprises luttent contre cette pratique à travers la mise en place d'un système de filtrage des emails. Les emails reçus sont stockés sur le serveur puis passés en revue par un filtre avant d'être transmis à leur destinataire.

Le filtre antispam contrôle, entre autres paramètres, le taux d'erreur sur les adresses, les réactions des destinataires, la réputation de l'émetteur, le contenu du message et la propreté du code. Une fois l'analyse effectuée, l'emailing peut être délivré au destinataire en qualité de mail, de pub, de spam ou tout simplement bloqué.

À VOUS DE JOUER !

L'EMAILING

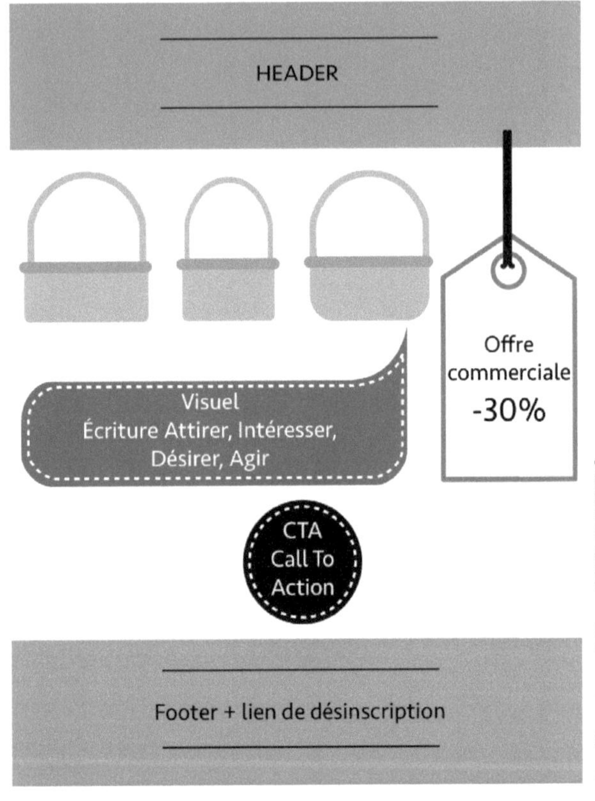

Emailing en 5 astuces

1 — **Une offre promotionnelle**
Un visuel et un chiffre attractif

2 — **Justesse des mots**
Misez sur les phrases nominales et les slogans

3 — **Écriture AIDA**
Attention, intérêt, désir et action

4 — **CTA - Call To Action**
Le bouton pour susciter le passage à l'acte

5 — **Lecture mobile**
Votre emailing est responsive design

LA NEWSLETTER

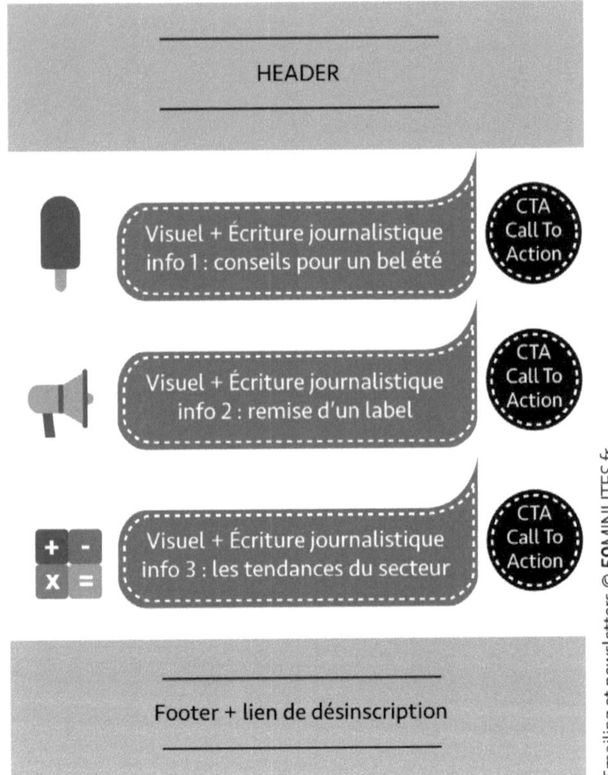

Newsletter en 5 astuces

(1) **Exclusivité et intimité**
Pour attirer et fidéliser

(2) **Des infos utiles**
Reportage, portraits, conseils,
tutoriels, partage d'expériences

(3) **Écriture journalistique**
Techniques 5W et 7C

(4) **Opt-in, opt-out et e-reputation**
Formulaire d'inscription, lien de désinscription,
réseaux sociaux

(5) **Lecture sur mobile**
La newsletter est responsive design.
Attention au temps de chargement.

Emailing et newsletters © 50MINUTES.fr

Votre avis nous intéresse !
Laissez un commentaire sur le site de votre librairie en ligne
et partagez vos coups de cœur sur les réseaux sociaux !

POUR ALLER PLUS LOIN

SOURCES BIBLIOGRAPHIQUES

- BOUCHER (Amélie), *Expérience Utilisateur mobile. UX design pour smartphones et tablettes*, Paris, Eyrolles, 2015.
- FLEUREAU (Guillaume), *L'emailing efficace*, Paris, Eyrolles, 2013.
- FOURNOUT (Vincent), LE FRIANT (Guillaume), HAZERA (Jean-Michel), *Email marketing, newsletter, Smart data, SMS, réseaux sociaux*, 2ᵉ éd., Paris, Maxima Laurent du Mesnil Éditeur, 2014.
- HOCHBERG (Juliette), « 6 choses à savoir avant de s'inscrire à un voyage "Digital Detox" », in *LeFigaro.fr*, mars 2016, consulté le 19 avril 2016. http://www.lefigaro.fr/voyages/2016/03/24/30003-20160324ARTFIG00216-6-choses-a-savoir-avant-de-s-inscrire-a-un-voyage-digital-detox.php
- KRUG (Steve), *Don't Make me Think. A Common Sense Approach to Web Usability*, 3ᵉ éd., USA, Pearson, 2013.
- RÉGIMONT (Bénédicte), *Rédiger une newsletter efficace*, Paris, Félicie Le Dragon, 2012.
- ROGERS (Marc), « Trop de Big Data tue le Big Data, bienvenue dans l'ère du Smart Data », in *JournalDuNet.com*, juillet 2014, consulté le 19 avril 2016. http://www.journaldunet.com/solutions/expert/58084/trop-de-big-data--tue-le-big-data--bienvenue-dans-l-ere-du-smart-data.shtml
- SANTA MARIA (Jason), *Typographie Web*, Paris, Eyrolles, 2015.

- WALTER (Aaron), *le Design émotionnel*, Paris, Eyrolles, 2011.

SOURCES COMPLÉMENTAIRES

- « Emailing, tous les chiffres clés et statistiques à connaître absolument », in *Blog.Sarbacane.com*, avril 2016, consulté le 5 mai 2016. http://blog.sarbacane.com/2016/04/06/statistiques-emailing-2015-2016/

Éditeur responsable : Lemaitre Publishing
Avenue de la Couronne 382 | BE-1050 Bruxelles
info@lemaitre-editions.com

ISBN ebook : 978-2-8062-6534-0
ISBN papier : 978-2-8062-6535-7
Dépôt légal : D/2017/12603/268
Photo de couverture : © shchus – Fotolia.com

Conception numérique : Primento,
le partenaire numérique des éditeurs.